BEI GRIN MACHT SICH IHR WISSEN BEZAHLT

AF141654

- Wir veröffentlichen Ihre Hausarbeit, Bachelor- und Masterarbeit

- Ihr eigenes eBook und Buch - weltweit in allen wichtigen Shops

- Verdienen Sie an jedem Verkauf

Jetzt bei www.GRIN.com hochladen und kostenlos publizieren

Katja Krenicky-Albert

Joachim Heinrich Campe: Robinson der Jüngere

GRIN Verlag

Bibliografische Information der Deutschen Nationalbibliothek:

Die Deutsche Bibliothek verzeichnet diese Publikation in der Deutschen National-
bibliografie; detaillierte bibliografische Daten sind im Internet über http://dnb.d-
nb.de/ abrufbar.

Impressum:

Copyright © 2002 GRIN Verlag GmbH
Druck und Bindung: Books on Demand GmbH, Norderstedt Germany
ISBN: 978-3-638-93087-1

Dieses Buch bei GRIN:

http://www.grin.com/de/e-book/43967/joachim-heinrich-campe-robinson-der-
juengere

GRIN - Your knowledge has value

Der GRIN Verlag publiziert seit 1998 wissenschaftliche Arbeiten von Studenten, Hochschullehrern und anderen Akademikern als eBook und gedrucktes Buch. Die Verlagswebsite www.grin.com ist die ideale Plattform zur Veröffentlichung von Hausarbeiten, Abschlussarbeiten, wissenschaftlichen Aufsätzen, Dissertationen und Fachbüchern.

Besuchen Sie uns im Internet:

http://www.grin.com/

http://www.facebook.com/grincom

http://www.twitter.com/grin_com

Pädagogische Hochschule Freiburg
SS 2002
Fach: Deutsch
Seminar: Einführung in die
             Theorie und Didaktik
             der Kinder- und
             Jugendliteratur

Joachim Heinrich Campe:
ROBINSON DER JÜNGERE

Katja Krenický

Europalehramt Grundschule
Deutsch, Kunst und Englisch

Inhaltsverzeichnis

Einleitung

Der Gegenstand meines Referates ist das Kinder- und Jugendbuch *Robinson der Jüngere, zur angenehmen und nützlichen Unterhaltung für Kinder* von **Joachim Heinrich Campe**. Es besteht aus zwei Teilen, die nacheinander 1779 und 1780 erstmals in Hamburg erschienen sind, und ist eines der ersten Werke der Kinder- und Jugendliteratur im westeuropäischen Raum, welche erst im ausgehenden 18. Jahrhundert zu entstehen begann.

Ein Buch wie dieses hatte revolutionären Charakter, war es doch vom Geist der Aufklärung sowie einem neuen Selbstbewusstsein des gerade entstandenen Bürgertums geprägt, welches sich deutlich vom dekadenten Adel absetzen wollte. Campes Idee war es, ein Buch zu schaffen, das zum einen nicht nur der reinen Unterhaltung dient sondern auch erzieherischen Charakter hat und zum anderen eine doppelte Leserschaft anspricht, nämlich sowohl den kindlichen als auch den erwachsenen Leser. Als Vertreter des Philanthropismus ließ er deutlich philanthropische Erziehungsprinzipen in das Buch miteinfließen, wobei er sich auch stark an seinem großen Vorbild Jean-Jacques Rousseau (1712-1778) orientierte, dessen Erziehungsroman *Émile* erstmals 1762 erschienen ist.

Campes Buch erzielte in der Tat eine übermäßig breite Wirkung. Hamburg, der Ort von Campes ersten schriftstellerischen Schaffens, wo auch *Robinson der Jüngere* entstand, stellte im damaligen Deutschland einen Sonderfall dar, da es als Republik und freie Handelsstadt vielen die Möglichkeit eröffnete, neue, aufgeklärte, liberale Vorstellungen zu verwirklichen. Die stabile politische Situation der Stadtrepublik bewirkte bei den Bewohnern ein neues bürgerliches Selbstbewusstsein. Dieses war geprägt von dem aufklärerischen Geiste Kants und den Ideen Hobbes' im Hinblick auf die Vorstellung vom autonomen Subjekt und das geregelte, friedliche Zusammenleben aller Menschen im Staat mit Hilfe eines allgemein verbindlichen Gesellschaftsvertrages. Die Hamburger Bürger, besonders die vom weltoffenen Handel abhängigen Kaufleute, waren aber nicht nur am Gedankengut selbst, sondern auch an seiner Umsetzung und dessen Miteinbezug in die Erziehung interessiert.[*]

Robinson der Jüngere hatte also unglaublichen Erfolg, und das im deutschen wie auch im außerdeutschen Bereich.[**] 1923 erreichte seine illustrierte Ausgabe die 122. Auflage; zahlreiche Übersetzungen ins Französische, Italienische, Lateinische, Spanische und Englische folgten. Holländische, dänische, schwedische und polnische Ausgaben fanden ebenfalls Verbreitung. Selbst Lettland wurde versorgt. Schließlich gab es auch verschiedene Nachahmungen, Fortsetzungen, Umwandlungen und Ausgaben mit Illustrationen.

Der Erfolg des Kinderromans verwundert allerdings ein wenig, denn Campe ist nicht das, was man gemeinhin unter einem Original-Schriftsteller versteht. Die Figur und die spannenden Abenteuer Robinsons sind nicht seiner eigenen Fantasie entsprungen. Das Motiv und seine weltweite Beliebtheit haben schon zu einer Fülle von Bearbeitungen geführt, die so immens ist, dass das Studium der sogenannten Robinsonaden fast eine Wissenschaft für sich ist. Zweifellos kann Daniel Defoe als Urheber des riesigen Erfolgs angesehen werden, doch gingen selbst ihm mancherlei mittelalterliche und barocke Geschichten mit dem Motiv vom verlorenen Sohn voraus.

Nichtsdestotrotz muss man Campe seine beispiellose Leistung auf kinder- und jugendliterarischer Ebene zugestehen, besonders durch seinen *Robinson den Jüngeren*. Doch bevor ich näher auf konkrete inhaltliche Punkte eingehe und mich mit deren theoretischen Hintergrunddetails befasse, möchte ich vorab kurz den Inhalt des Buches zusammenfassend darstellen und einige allgemeine Informationen zum Autor und zum Philanthropismus geben.

---

[*] Vgl. Campe: Robinson d. J., Nachwort, S.377-381.
[**] Vgl. z. B. Ewers, H.: Joachim Heinrich Campe als Kinderliterat und als Jugendschriftsteller. In: Ausstellungskataloge der Herzog August Bibliothek, Nr. 74, 1996, S. 160 und in: Ausstellungskataloge der Staatsbibliothek zu Berlin - PK, Neue Folge 17, 1996, S. 12 f; Fertig, L.: Campes politische Erziehung, S. 133 f;

Der Inhalt des Buches

Robinson, einziger Sohn eines Hamburger Ehepaares, die ihm aus „unvernünftiger Liebe" alles erlauben und der somit nie Lust hat zu lernen, nur zu spielen, lässt sich eines Tages am Hafen spontan von einem Freund zu einer Schiffsreise überreden. Das Schiff strandet, der Junge rettet sich als einziger Überlebender auf eine einsame tropische Insel.

Er besitzt nichts außer seinen eigenen zwei Händen und seinem Verstand. Ihn quälen Hunger, Durst, die Angst vor wilden Tieren und wilden Menschen sowie sein Gewissen, da er seine Eltern so rücksichtslos und heimlich verlassen hat und Selbstvorwürfe, dass er in seiner ganzen Kindheit und Jugend nichts Anständiges oder Nützliches gelernt hat, was ihm in seiner Notlage nun hätte hilfreich sein können.

Obwohl mutterseelenallein, fernab von jeglicher Zivilisation, nur auf sich selbst gestellt, findet Robinson nach und nach immer mehr Möglichkeiten und Wege zu überleben, dieses Überleben zu sichern und sein Leben sogar einigermaßen angenehm zu gestalten.

Zunächst sind es nur elementare Dinge wie Nahrung, Unterschlupf und Feuer finden, die ihn erfreuen und sich auf Gott und sittliche Tugenden zurückbesinnen lassen. Später kommen Feinheiten hinzu wie ein differenzierter Speiseplan, das Bauen einer gemütlichen und großen Behausung, die Herstellung von Kleidung und anderen nützlichen Dingen des alltäglichen Lebens sowie die Gesellschaft von Haustieren und *Freitag*, einem Eingeborenen des tropischen Festlandes, den es ebenfalls auf die Insel verschlägt und der zu Robinsons Freund und Gehilfen wird.

Nach einem unerwünschten Besuch von wilden Eingeborenen gelangen auf die Insel Engländer, mit deren Schiff Robinson mit Freitag schließlich nach Europa gelangt und zu seinem Vater nach Hamburg zurückkehrt, wo beide jungen Männer das Tischlerhandwerk erlernen und bis ins hohe Alter als gute Freunde zusammenleben.

Der Autor[*]

Joachim Heinrich Campe

Joachim Heinrich Campe (1746 –1818) – zunächst Theologe, später Sprachforscher, Verleger und Jugendschriftsteller ebenso wie Pädagoge, Erzieher und Philanthrop - wird am 29.06.1760 in Deensen bei Holzminden geboren.
1760, als Campe vierzehn Jahre alt ist, stirbt sein Vater. Im selben Jahr besucht die fünfjährigen Klosterschule in Holzminden; im Anschluss daran, von 1765 bis 1768, absolviert er sein Studium der Theologie auf der Universität Helmstedt, während dem er sich als Anhänger der Ideen eines bibelkritischen Professors bekennt. Dies kostet ihn das Stipendium. Nach einem kurzen Jahr an der Universität Halle tritt Campe 1769 die Stelle des Hofmeisters im Hause des Majors von Humboldt in Berlin-Tegel an, wo er zugleich Erzieher von dessen Stiefsohn aus erster Ehe der Frau von Humboldt wird.

Er verlässt das Haus 1773, um für zwei Jahre als Feldprediger beim Regiment des Kronprinzen Friedrich Wilhelm von Preußen zu dienen. Im selben Jahr heiratet er Dorothea Maria Hiller und gibt seine erste Veröffentlichung heraus: *Philosophische Gespräche über die unmittelbare Bekanntmachung der Religion und über einige unzulängliche Beweisarten derselben.* Berlin 1773.

1775 kehrt er in das Haus des Majors von Humboldt zurück und wird Lehrer seiner beiden Söhne Alexander und Wilhelm. Zur selben Zeit gibt er sein geistliches Amt auf, mit der Begründung eines aufgeklärten Bürgers: „ Wie kann ein Biedermann sich glücklich fühlen, wenn er täglich die Rolle eines Heuchlers spielen muss? Und die *muss* jeder Geistliche spielen, er sei, wer er wolle – nur allenfalls ein Schafskopf ausgenommen."

Kurz darauf, 1776, wird er „Educationsrath" bzw. Erzieher in der Erziehungsanstalt Philanthropin in Dessau, die 1774 von Johann Bernhard Basedow gegründet und Ausgangspunkt des sog. *Philanthropismus* wurde.

Außerdem erscheint seine zweite Veröffentlichung *Die Empfindungs- und Erkenntniskraft der menschlichen Seele.* Leipzig 1776; es folgt das *Sittenbüchlein für Kinder aus gesitteten Ständen.* Dessau 1777.

Schließlich übernimmt Campe die Leitung des Philanthropins, das zu der Zeit aus etwa 50 Zöglingen besteht. Zwischen ihm und Basedow ergeben sich jedoch Uneinigkeiten in Bezug auf die Abgrenzung ihrer Kompetenzen und Aufgabenbereiche, was möglicherweise der Grund dafür ist, dass Campe 1777 heimlich und zunächst ohne seine Frau und Tochter, die er später nachholt, Dessau verlässt und nach Hamburg reist. Auf jeden Fall hat ihn in der Anstalt etwas sehr stark belastet und ihm das Leben gemäß seinen Prinzipien dort unmöglich gemacht; er spricht von „herznagenden Kränkungen", die seine „Leibes- und Seelenkräfte" bedroht hätten. In Hamburg hingegen, als Republik ein Sonderfall in Deutschland zu dieser Zeit, erhoffte er sich mehr Möglichkeiten, seine neuen, aufgeklärten Vorstellungen zu verwirklichen.

Von 1778 bis 1783 übernimmt Campe in Billwerder bei Hamburg die Erziehung der Kaufmannssöhne Nicolas Schuback, Johannes, Gottlieb und Fritz Böhl sowie Dietrich Leisching und veröffentlicht in dieser Zeit neun neue Werke, unter anderem das Buch *Robinson der Jüngere;* eine *Sammlung von Erziehungsschriften* (1778)*; Neue Methode, Kinder auf eine leichte Weise lesen zu lehren* (1778); *Kleine Seelenlehre für Kinder* (1780); *Die Entdeckung Amerikas* (1781) und weitere.

---

[*] Vgl. Campe: Robinson d. J., S. 372-375.

1783 gibt er auch diesen Posten in Billwerder auf und zieht mit vier Zöglingen nach Trittau bei Hamburg zu ziehen. Zwei Jahre später unternimmt er eine längere Reise durch Deutschland und die Schweiz, daraufhin – 1786 – wird er Schulrat von Braunschweig und soll auf Wunsch des dortigen Herzogs eine zeitgemäße Reorganisation des Schulwesens durchführen.

Nach einer 1789 zusammen mit Wilhelm von Humboldt unternommenen Reise nach Paris, wo er die zerstörte Bastille besichtigt und an einer Sitzung der Nationalversammlung in Versailles teilnimmt, hat er gegen Zensur und persönliche Verunglimpfung zu kämpfen, weil er Sympathien für die Französische Revolution bekundet. 1792 erhält er – zusammen mit Washington, Klopstock, Schiller und Pestalozzi – die Ehrenbürgerschaft der Französischen Republik.

In dieser Phase seines Lebens, in den Jahren 1793 bis 1812, befasst sich Campe immer mehr mit der Erforschung der deutschen Sprache, besonders mit ihrer Reinigung von Einflüssen aus dem Französischen, da dies überwiegend die Sprache des herrschenden Adels ist, und verfasst zu diesem Zweck mehrere Schriften, wie z.B. *Über die Reinigung und Bereicherung der deutschen Sprache*. Braunschweig 1794.

1812 unternimmt er eine Reise durch England und Frankreich, während der er die *Neue Sammlung merkwürdiger Reisebeschreibungen für die Jugend* (Braunschweig 1801-04) schreibt.

Nachdem er 1805 seine Stelle als Schulrat aufgibt, 1807 Braunschweiger Deputierter in Kassel wird und sein letztes Werk *Sämmtliche Kinder- und Jugendschriften. Ausgabe der letzten Hand* (30 Bde. Braunschweig 1817) herausgibt, stirbt Campe im Oktober 1818 im Alter von 72 Jahren.

Der Philanthropismus

Der Philanthropismus war eine pädagogische Reformbewegung von Johann Bernhard Basedow und einigen weiteren Anhängern, wie z.b. Joachim Heinrich Campe, Christian Gotthilf Salzmann, Friedrich Eberhard von Rochow, Ernst Christian Trapp und Karl Friedrich Bahrdt. Ihr Ziel war eine natur- und vernunftgemäßen Erziehung i.S. der Aufklärungszeitalters.

Beim Zögling sollten alle Fähigkeiten der menschlichen Natur, und zwar sowohl die geistigen als auch die körperlichen, gleichzeitig und harmonisch ausgebildet werden oder wie Campe es ausdrückt: „(...) sorge für die Erhaltung des Gleichgewichts unter den Kräften deines Zöglings, (...) sorge dafür, daß die sämtlichen Kräfte (...) dergestalt verhältnißmäßig geübt werden, daß sie, jede in ihrer Art, gleich starker und anhaltender Anstrengungen fähig werden mögen, und besonders, daß die Seele des Zöglings eine große Leichtigkeit gewinne, von der einen Wirkungsart zur andern ohne Widerwillen und Ermattung überzugehn."[1] Dabei spielt besonders die **Vernunft** sowie auch Phantasie, Erfindungsgeist und wahre Empfindsamkeit im Sinne von Mitgefühl und Einfühlungsvermögen eine wichtige Rolle.

Diese Position der Philanthropiner gründet auf der Idee vom autonomen Subjekt, welches Kant in seiner Schrift *Was ist Aufklärung?* auffordert, sich aus seiner Unmündigkeit zu befreien und sich seines eigenen Verstandes ohne Leitung eines anderen zu bedienen.[2] Darin besteht nämlich die Freiheit jedes Menschen, dass er sich nicht vom gesellschaftlichen Strudel bzw. den Meinungen und Leidenschaften anderer Menschen mitreißen lässt, sich von keiner Autorität beherrschen lässt außer von seiner eigenen Vernunft.

Daraus ergibt sich als Ziel der philanthropischen Erziehung die vernunftgeleitete Selbstbestimmung und Freiheit des Individuums. Somit darf auch Erziehung selbst nicht primär auf Vorschriften beruhen. Stattdessen sollten praktische Übungen ihr pädagogisch-didaktisches Hauptmittel sein, um Kinder zu natürlich entfalteten, weltbürgerlichen Individuen heranzubilden[3]. Denn nur so können Kinder lernen, sowohl mit angenehmen, positiven Lebenserfahrungen umzugehen als auch schwierigen Zeiten und Schicksalsschlägen standzuhalten.

Das Studieren der wahren Lebensbedingungen ist aber nur außerhalb der Gesellschaft bzw. Stadt möglich, in der freien **NATUR**[4]. Erwachsene bzw. die Gesellschaft stellen keine Vorbilder für Kinder dar. Dem liegt die Vorstellung von der Kindheit als eigenständiger Phase in der Entwicklung des Menschen zugrunde, die auf Philippe Ariès sowie Jean-Jacques Rousseau zurückgeht. Vor allem auf letzteren berufen sich die Philanthropiner. Galt bis dahin die mittelalterliche Auffassung von Kindern als „kleinen Erwachsenen", als „kleinen Menschen", die keiner besonderen kindgerechten Behandlung bedürfen, so hatte man nun auf der Suche nach dem natürlichen Ursprung des Menschen, nach seiner wahren Natur, „das Kind im Kinde entdeckt als Inbegriff des Reinen und Gefährdeten"[5].

Das brachte die Notwendigkeit einer speziellen kindgemäßen Erziehung mit sich. Da Rousseau der Meinung war, der Kontakt mit der Erwachsenenwelt verderbe das reine, unschuldige kindliche Gemüt[6], welches noch nicht immun und autonom genug sei, negativen gesellschaftlichen Einflüssen entgegenzutreten, könne man Kinder also nur getrennt von der Gesellschaft in der freien Natur zu moralischen, tugendhaften Menschen erziehen. Die Philanthropen „haben deshalb die Kindeswelt von der Erwachsenenwelt isoliert (...) und alle

---

[1] Campe: Von der nöthigen Sorge..., Dieck-Ausgabe 1997, S. 12.
[2] Vgl. Kant, I. : Beantwortung der Frage: Was ist Aufklärung? erstmals 1784.
[3] Vgl. Robinson der Jüngere, Reclam-Edition, Nachwort S.381.
[4] Vgl. ebd. S. 381.
[5] Campe: Bilder-Abeze, Inseltaschenbuch, Nachwort S.59.
[6] Vgl. ebd. S 63.

erzieherischen Überlegungen und Kräfte darauf gerichtet, aus diesem Unschuldswesen den vernünftigsten, sozialbesten, ‚brauchbarsten' Menschen aller Zeiten herzustellen."[7] Nach den erziehungstheoretischen Vorstellungen Rousseaus, die er in seinem 1762 erschienenen pädagogischen Roman *Émile ou de l'Éducation* präsentierte, forderten die Philanthropen das Prinzip der sogenannten negativen Erziehung. Die natürliche kindliche Entwicklung darf hierbei nicht durch unnötige Belehrungen und Eingriffe durch den Erzieher gestört werden. Dieser hat nur eine Art Beschützer- und Helferrolle mit der Aufgabe, pädagogische Situationen zu arrangieren, in denen Kinder Kenntnisse und Erfahrungen sammeln, um jede denkbare Situation und Aufgabe bewältigen zu können. Ebenso lernen sie, sich zu beherrschen und sich selbst zu steuern. Sie entwickeln dadurch die Haupttugenden Arbeitsamkeit und Mäßigung.

Um die Erziehung in freier Natur möglich zu machen, wird 1774 von Johann Bernhardt Basedow die Erziehungsanstalt Philanthropin gegründet. Der Erzieher übernimmt hier die Vaterfunktion. Außerdem müssten „Eltern und Erzieher" (...) über ihre Verantwortung belehrt werden (...), infolge mangelnder Überwachung der Kinder sei, besonders bei den Familien der Reichen und in den Lasterhöhlen des rückständigen, den schädlichen Einflüssen Tür und Tor geöffnet."[8] Familienerziehung wird daher abgelehnt.

Zusammenfassend lässt sich als oberster Grundsatz der Philanthropen folgendes nennen: Um in der Lage zu sein, für sich selbst immer ein Gleichgewicht zwischen Wünschen und Können herzustellen, sind Freiheit und Selbständigkeit die relevanten Eigenschaften des Menschen, die gefördert werden müssen, nicht Autorität bzw. die Unterwerfung und Abhängigkeit von Autoritäten. Kinder sollen zu autonomen Subjekten ausgebildet werden, welche tugendhaft und fähig sind, aus eigener Vernunft und eigenen Kräften die Welt und Gesellschaft zu entwickeln und zu verbessern, die soziale Bindung aber als Verpflichtung und Neigung empfinden.

---

[7] Vgl. ebd. S 59.
[8] Vgl. ebd. S. 63.

Ausführung

Der Bezug zu Defoes Werk

Campe hat sein Buch auf der Grundlage von Daniel Defoes *Robinson Crusoe* (1719) geschrieben: Ein junger Mann namens Robinson wird auf eine unbewohnte Insel verschlagen, wo er in 28 Jahren die Entwicklungs- und Zivilisationsgeschichte der Menschheit noch einmal nachvollzieht.

Die Geschichte von Campes kleinem Robinson läuft sehr ähnlich ab. Allerdings stellt sie „keine Bearbeitung, sondern eine sehr freie Nachdichtung des Defoeschen Originals dar."[7]. In der Tat stimmen zwar die meisten Ereignisse und ihre zeitliche Abfolge überein: die Strandung auf der Insel, die Entdeckung von Trinkwasser, das Finden der Höhle als Zufluchtsort, Nahrungssuche und Tierfang, das Verspeisen von Schildkrötenfleisch, das Erdbeben, die Regenzeit, das Anlegen von Vorräten, das Anpflanzen von Getreide, das Töpfern und Brennen von Ton- und Lehmgefäßen, die Herstellung von Kleidung aus Tierfell und Tierhaut und eines Sonnenschirms, das Fangen eines Papageis als Haustier, die Gewinnung von Tier-Milch und somit Butter und Käse, die Entdeckung eines Schiffswracks und der Hund als weiteres Haustier, die Entdeckung von wilden Kannibalen und die Rettung von ihrem Gefangenen *Freitag*, das Bauen eines Bootes, das Verlassen der Insel auf einem englischen Schiff.

Doch sind trotz der starken Parallelitäten nicht alle Punkte völlig identisch. Campe wandelt Defoes Roman nicht nur in ein bezüglich Sprache und Stil kindgerecht geschriebenes Buch um, sondern setzt mit bestimmten didaktischen Absichten kleine Unterschiede, die das Erziehungsprinzip der Philanthropen immer wieder erkennen lassen. Dazu werde ich einzelne Beispiele näher erläutern.

Campes Abwandlungen von Defoes Werk

Als erste Abweichung vom Originalwerk lässt sich folgendes feststellen: Defoes Robinson kann vom sinkenden Wrack des Schiffes, mit dem er gestrandet ist, noch zahlreiche Gegenstände und Sachen retten, die sich für ihn im Laufe seines Aufenthalts, jedoch besonders am Anfang, als sehr nützlich erweisen, wie z.B. Werkzeuge, Waffen, Lebensmittel, Tabak, Feuersteine, Kleidung, Fässer, Kisten, Holzpfähle, Eisenteile, Segelstoff, eine Hängematte, Bettzeug, ein Fernrohr, eine Bibel u.a.[8]

Im Gegensatz dazu besitzt Campes junger Robinson, als es ihn auf die Insel verschlägt, absolut nichts außer seinen beiden Händen und seinem Verstand. Dies bedeutet, dass er vollkommen hilflos und nur auf sich gestellt ist, wohingegen Defoe seinem Held doch weitaus mehr Überlebenschancen und „Luxus" zugesteht. Die einzige Möglichkeit für Campes Robinson ist es , mit Hilfe seines Geschicks und Verstandes die Angebote aus der ihn umgebenden Natur wahrzunehmen und für sich zu nutzen, so, wie es die ersten Menschen auf der Erde einmal tatsächlich tun mussten. Diese verfügten nämlich nicht von vornherein über Feuersteine um Feuer zu machen, über fertiggewebten Stoff, Nadel und Faden, um sich Kleidung zu nähen, über Eisenwerkzeuge und zugeschnittene Holzbretter, um etwas zu bauen oder über Waffen, um Tiere zu jagen und sich vor Feinden zu schützen.

---

[7] Ewers, in: Ausstellungskatalog, Berlin 1996, S. 14.
[8] Vgl. Defoe: Robinson, Schneider-Buch 2665, S. 18-23.

Obwohl Campe mit seinen Erziehungsprinzipien als der „deutsche Rousseau"[9] gilt, widerspricht er in diesem Punkt seinem großen Idol. In seinem *Émile* schreibt Rousseau über den ursprünglichen Robinson: „*Robinson Krusoe* ist auf seiner Insel allein, von allem Beistande seines Gleichen und von den Werkzeugen aller Künste entblößt."[10] Campes Kommentar hierzu lautet: „Hierin irret *Rousseau*. Der *alte Robinson* hat Werkzeuge in Menge, die er von dem gestrandeten Schiffe rettete. Der gegenwärtige *jüngere Robinson* hingegen hat zu seiner Erhaltung nichts, als seinen Kopf und seine Hände."[11]

Die Idee, die dahintersteckt, ist, dass die körperlichen und geistigen Fähigkeiten von Kindern nur entwickelt werden können, wenn sie Elementarkenntnisse der Naturgeschichte, des menschlichen Lebens und somit auch des häuslichen Lebens erlangen[12], was nur gelingt, wenn ihnen eine möglichst realistische Darstellung von solch einem Leben gegeben wird (z.B. in Form eines literarischen Werks), wo sie jeden Schritt der Menschheitsgeschichte genau nachvollziehen können. Dadurch, dass Defoes Robinson „mit allen europäischen Werkzeugen versehen wird (...), geht der große Vortheil verlohren, dem jungen Leser *die Bedürfnisse des einzelnen Menschen*, der außer der Gesellschaft lebt, und das vielseitige Glück des gesellschaftlichen Lebens, recht anschaulich zu machen."[13] In der Ontogenese seines jungen Robinson sieht Campe eine hervorragende Möglichkeit, die gesamte Phylogenese der Menschheit wiederzuspiegeln.

Zu diesem Zwecke habe er, so Campe in seinem Vorbericht des Romans, „die ganze Geschichte (...) in drei Perioden (zerlegt). In der ersten solt' er (Robinson) ganz allein und ohne alle europäische Werkzeuge sich blos mit seinem und mit seinen Händen helfen, um auf der einen Seite zu zeigen wie hülflos der einsame Mensch sei, und auf der andern, wie viel Nachdenken und anhaltende Strebsamkeit zur Verbesserung unsers Zustandes auszurichten vermögen."[14]

So leidet Robinson zum Beispiel ziemlich schnell an Hunger und Durst, da er „kein Brod, kein Fleisch, keine Gartengewächse, keine Milch"[15] hat, alles Lebensmittel, an denen es Defoes Helden in keiner Weise fehlt, da er viele vom Schiff retten sowie mit Waffen Tiere erlegen oder einfangen kann. „(...) und wenn er auch etwas zu kochen oder zu braten gehabt hätte, so fehlte es ihm doch an Feuer, am Bratspieß und an Töpfen."[16] Seine ersten kärglichen Mahlzeiten bestehen nur aus Wasser aus einer Quelle, aus Austern, die er am Strand findet, sowie Kokosnüssen[17]. Im Gegensatz zu seinem berühmten Vorgänger, dem Feuersteine zur Verfügung stehen, gelangt Robinson erst am vierten Tag seiner Strandung bei einem Gewitter zu Feuer, als ein Blitz in einen Baum einschlägt.[18] Auch hier ist wieder deutlich eine Analogie zur Evolutionsgeschichte der Menschheit zu erkennen.

Ähnlich verhält es sich mit der Behausung. Besteht doch im Original das Schlaflager wiederum aus lauter vorgefertigten Dingen wie einem Zelt aus Schiffssegeln, Bettzeug und einem Schutzwall aus Kisten und Fässern, so bleibt dem jungen Robinson zunächst nichts anderes übrig, als auf einem Baum zu übernachten[19]. Und selbst als er eine Aushöhlung in einer Felsenwand vorfindet, so fehlen ihm die nötigen Werkzeuge und das Material, um sich wenigstens einen Zaun aus Pfählen ringsherum zu bauen[20].

---

[9] Campe: Bilder-Abeze, Nachwort S. 59.
[10] Campe, R. d. Jüngere (s. Anm. 2), Vorbericht, S.9. (Hervorhebung: Campe)
[11] Ebd. S. 9.
[12] Vgl. ebd. S. 5.
[13] Vgl. ebd. S. 11.
[14] Vgl. ebd. S. 11.
[15] Vgl. ebd. S. 52.
[16] Vgl. ebd. S. 52.
[17] Vgl. ebd. S. 51, S. 53, S.63.
[18] Vgl. ebd. S. 88 f.
[19] Vgl. ebd. S. 51.
[20] Vgl. ebd. S. 59.

In entsprechender Weise lassen sich noch eine Menge weiterer Unterschiede zum Defoeschen Werk finden, die alle den Zweck beinhalten, dem jungen Leser die natürlichen Lebensbedingungen und Lebensnotwendigkeiten zu veranschaulichen.

Was die Dreiteilung der Handlung angeht, fährt Campe folgendermaßen fort: „In der andern (Periode) geselte ich ihm (Robinson) einen Gehülfen zu, um zu zeigen, wie sehr schon die bloße Gesellrigkeit den Zustand des Menschen verbessern könne."[21] Tatsächlich hat er diesen Teil der Geschichte im Kern ebenfalls von Defoe übernommen. Bei dem Gehilfen handelt es sich nämlich um Freitag, einen Eingeborenen, den Robinson aus den Händen eines feindlichen Kannibalenstammes rettet[22]. Was hinzukommt ist Campes philanthropistische Absicht, den jungen Lesern die Vorzüge des gesellschaftlich geordneten Lebens zu verdeutlichen. Dies scheint zunächst ein Widerspruch zu der Auffassung vom schlechten Einfluss der Gesellschaft aufs Individuum zu sein. Er wird aber entschärft durch Campes Menschenbild, nach dem der tugendhafte Mensch die Fähigkeit besitzt, sich aus der eigenen Vernunft und eigenen Kräften in der Gesellschaft zu behaupten, sie zu entwickeln, sich nicht von Meinungen anderer beeinflussen zu lassen und als autonomes Subjekt zwar seine Vorstellungen zu verwirklichen, jedoch niemals auf Kosten anderer[23]. Der Mensch empfindet eine natürliche Neigung und Verpflichtung zur sozialen Bindung.

Vom praktischen Gesichtspunkt her macht sie ihm das Leben durch die Arbeitsteilung und gegenseitige Hilfe der Menschen angenehmer. Das bemerkt auch Robinson, als er versucht, durch Aneinanderreiben zweier Hölzer Feuer zu entzünden: „Hier fühlte er wieder recht lebhaft die Hülflosigkeit des einsamen Lebens und die grossen Vortheile, die uns die Geselschaft anderer Menschen gewährt. Hätte er nur einen Gehülfen gehabt, der dan, wenn er selbst ermattet war, fortgefahren hätte zu reiben (...)"[24], denn „So unendlich schwer ist es für jeden einzelnen Menschen, für alle seine Bedürfnisse selbst zu sorgen (...)! Tausend Hände reichen nicht zu, um alles das zu bereiten, was ein Einziger unter uns an jedem Tage braucht!"[25]

Das soziale Leben bewahrt den Menschen aber auch vor der Einsamkeit. So sehnt sich Robinson sehr nach Gesellschaft durch andere Lebewesen: „(...) wenn ich nur einen einzigen Freund, nur irgend einen Menschen, und wäre er auch der armseligste Betler, zu meinem Geselschafter hätte, dem ich sagen könnte, daß ich ihn lieb hätte, und der mir wieder sagte, daß er mich auch lieb hätte!" Selbst irgend ein anderes lebendiges Wesen, „irgend ein zahmes Thier"[25] würde ihm bereits genügen. In der Tat wird kurz darauf ein Insekt, eine Spinne, die die meisten Menschen eher als abstoßend empfinden würden, zu seinem ersten Geselschafter.

Um noch einmal auf die Funktion von Freitag zurückzukommen: Obwohl sich Robinson während der ganzen Zeit seiner Einsamkeit einen Freund wünscht, macht er Freitag auch zu seinem Untergebenen und Schüler, dem er nun all das beibringen möchte, was er selbst erst durch mühsames Sammeln von eigenen Erfahrungen lernen musste. Überhaupt wird Robinson zum Schluss, nachdem ein weiteres europäisches Schiff auf der Insel strandet, als „Herr der Insel"[26] bezeichnet, dessen Anweisungen alle folge zu leisten haben.

Dieses Geschehen ist gleichzeitig auch Inhalt der „dritten Periode", um Robinson „dadurch mit Werkzeugen und den meisten Nothwendigkeiten des Lebens (zu) versorgen, damit der große Werth so vieler Dinge, die wir gering zu schätzen pflegen, weil wir ihrer nie entbehrt haben, recht einleuchtend würde."[27]

---

[21] Vgl. ebd. S. 11.
[22] Vgl. ebd. S. 196 ff.
[23] Vgl. ebd. S. 391.
[24] Vgl. ebd. S. 83.
[25] Vgl. ebd. S. 91.
[25] Vgl. ebd. S. 95.
[26] Vgl. ebd. S. 318.
[27] Vgl. ebd. S. 11 f.

Campes eigene Ideen und pädagogische Absichten

Die Handlung seines Buches hat Campe also von Defoe entliehen, doch auch die leitenden Gesichtspunkte für die Abwandlung hat er nicht unbedingt selbst entwickelt, sondern sie vielmehr von Rousseau übernommen, der in seinem *Émile* Defoes Robinsonade als ideale und einzige Lektüre seines Zöglings ansieht, um seine erzieherischen Intentionen wirksam zu machen, gleichzeitig aber anmerkt, dass zu diesem Zwecke eine beträchtliche Umarbeitung des Originals nötig wäre.[28]

Doch Campe äußert sich zu dieser Tatsache sehr offen und ohne erkennbares Schuldbewusstsein in seinem Vorbericht zum *Robinson der Jüngere*, in dem er Rousseau als den Urheber der „bloße(n) Hauptidee" ausführlich zu Wort kommen lässt und sich selbst „die ganze Ausführung derselben" zuschreibt, derer es dringend bedurfte, da „so viel weitschweifiges, überflüssiges Gewäsche, womit dieser veraltete Roman (Defoes) überladen ist, die bis zum Ekel gezerte, schwerfällige Schreibart desselben und die veraltete, oft fehlerhafte Sprache (...) eben so wenig, als so manche, in Rücksicht auf Kinder, fehlerhafte moralische Seite desselben, keine wünschenswerthe Eigenschaften eines guten Kinderbuchs sind."[29]

Was nun allerdings aus Campes eigenem Ideenrepertoire stammt ist das Einbetten der Robinsonade in eine Rahmenhandlung, in der ein Vater allabendlich einem altersmäßig gemischten Zuhörerkreis, bestehend aus seinen Kindern und deren Freunden, einen Teil der Geschichte erzählt. Die Kinder lauschen voller Spannung und Neugier, was Robinson als nächstes zustoßen wird. Sie unterbrechen den Vater häufig durch wissbegierige Fragen sowie spontane und lebhafte Meinungsäußerungen.

Diese idyllische Familieszene spielt sich draußen im grünen Garten unter einem Apfelbaum ab, also in der freien Natur, so wie es die Philanthropen fordern. Der Vater hat die Funktion des Erziehers und allwissenden Erzählers gleichzeitig. Er ist der Beschützer der Kinder vor dem schlechten Einfluss der Gesellschaft sowie der souveräne Herr seiner Geschichtserzählung, über dem nur noch Gott-Vater als Herr der Geschichte selbst steht. Seine pädagogischen Intentionen i. S. philanthropischer Erziehungsmethoden decken sich mit denen des Autors Campe:

Zunächst hat die Rahmenhandlung unterhaltenden Charakter, doch nur im Sinne eines pädagogischen Kunstgriffes, um die Aufmerksamkeit und das Interesse, die Neugier und Motivation der Kinder zu wecken, oder wie Campe es ausdrückt: „(...) weil ich wußte, daß die Herzen der Kinder sich jedem nützlichen Unterrichte nicht lieber öffnen, als wenn sie vergnügt sind."[30]

Dahinter steckt wieder eine erzieherische Intention, und zwar die „durch eine treue Darstellung wirklicher Familienscenen ein für angehende Pädagogen nicht überflüssiges Beispiel des väterlichen und kindlichen Verhältnisses zu geben, welches zwischen dem Erzieher und seinen Zöglingen nothwendig obwalten muß." Dieses Verhältnis muss gekennzeichnet sein von „Natürlichkeit", nicht von „pädagogischen Künsteleien", hinter denen man ein Unvermögen zu verbergen versucht.[31] Campe kritisiert hier indirekt die Lehrweise von Erziehern in adligen und reichen Familien, deren Unterricht lediglich aus trockenem, stumpfsinnigen Vorbeten, Nachsagen und Auswendiglernen von Fakten bestand.

Die „Natürlichkeit" der Familiensituation zu vermitteln gelingt Campe durch seine Erzählform des Dialogs. Ähnlich der Form des Dramas lässt er den Vater, die Mutter und einzelne Kinder abwechselnd zu Wort kommen. Besonders die wörtliche Rede der Kinder ist

---

[28] Vgl. Rousseau, Émil, Reclam 1976, S. 388-391.
[29] Vgl. Campe: Robinson d. J., S. 8-11.
[30] Ebd. S. 5.
[31] Vgl. ebd. S. 14.

in einer solchen Lebendigkeit und wirklichkeitsgetreuen Weise wiedergegeben, wie es Kindern tatsächlich eigen ist. Und um von der Gefahr „pädagogischer Künsteleien" auf sichere Distanz zu gehen, habe er, erklärt Campe, „lieber wirkliche, als erdichtete Personen (...) redend einführen, und meistentheils wirklich vorgefallene Gespräche lieber (...) nachschreiben, als ungehaltene und künstlichere Dialogen (...) machen wollen."[32] In der Tat entsprechen die Namen der Kinder denen der Kaufmannssöhne, die Campe nach seiner Flucht aus Dessau in Hamburg unterrichtete, alles übrigens Jungs, mit Ausnahme seiner eigenen Tochter Lotte.

Bei den intermittierenden didaktischen Gesprächen haben die Kinder eine zentrale Funktion. Sie stellen mit ihrem pädagogisch mustergültigem Verhalten ein Identifikationsangebot für die kindlichen Leser dar. Diese haben so die Möglichkeit, ihren eigenen moralischen Bewertungsmaßstab mit dem der Kinder aus dem Buch zu überprüfen und gegebenenfalls zu korrigieren. Campes Kinder verfügen bereits theoretisch über gewisse Normen, die sie sich durch die Erziehung des Vaters angeeignet haben, und wenden diese nun bei dem, was sie über Robinson erfahren, an. Ihre Reaktion auf das Erzählte wandeln sich im Laufe der Handlung dahingehend, dass sie Robinsons Verhalten zunächst als negativ – „Fi! den *Robinson* mag ich nicht leiden.", „Das hat er nun davon!" und „Das wird den Monsiuer *Robinson* lehren, daß er künftig nicht wieder so dum Zeug anfängt!"[33] – am Ende jedoch als positiv – „Das machte er klug!", „Nun ist er doch ein viel besserer *Robinson*, als er vorher war!", „So gefälst du mir, Freund *Robinson*!", „O der arme *Robinson*!" und nachahmenswert bewerten:„(...) *so will ich es auch machen!*"[34]

Die im Verlauf des Romans wachsende Zustimmung der Kinder lässt sie gleichzeitig ihr eigenes Lernverhalten an das von Robinson anpassen. Sie vollziehen nicht nur gedanklich dessen Lernschritte nach, sondern setzten sie in Handlungen um[35]. Sie „spielen" Robinson, kostümieren sich wie er, bauen sich eine Hütte, schreiben ihm Briefe und so fort. Sie lernen durch aktives Tun und Reagieren anstatt nur passiv zuzuhören, was der Vater ihnen erzählt.[36] Die Kinder imitieren Robinsons Handlungen nicht ausschließlich, sondern antizipieren sie auch. Indem sie sich in Robinsons Lage hineinversetzten, laufen in ihnen ähnliche Gedankenprozesse ab, sie empfinden die Notwendigkeit zu überlegen, wie man in welcher Situation reagieren, wie welcher Schwierigkeit begegnen, wie welches Problem lösen könnte.[37]

Es handelt sich bei diesen Nachahmungen einerseits um praktische Tätigkeiten, andererseits auch um moralische Übungen. Ersteres dient dem Erlernen nützlicher Fertigkeiten wie beispielsweise der Verfertigung einer „Jagdtasche", des Anpflanzens von Getreide und Gemüse oder des Flechtens von Körben[38]. So fügt Campe in einer „Achten verbesserten Auflage" von 1802[39] sogar noch eine ein ganze Dialogpassage zu der Szene hinzu, in der der Vater den Kindern von Robinsons Kokosnussfund[40] berichtet: Er holt nämlich selbst eine Kokosnuss herbei, lässt sie von den Kindern öffnen, untersucht sie mit ihnen und isst sie anschließend mit ihnen. Die Kinder sind erstaunt: „Tausend! Was mochte das dem armen *Robinson* für Mühe kosten, die harten Schalen aufzumachen!" Doch genau das wollte der Vater mit seiner Inszenierung bezwecken: „Das könnt ihr nun beurtheilen,

---

[32] Ebd. S. 14.
[33] Ebd. S. 23, S. 25, S. 27.
[34] Ebd. S. 61, S. 67, S. 214, S. 344, S. 347.
[35] Vgl. ebd. S. 411.
[36] Vgl. Fertig, 1977, S. 133, 142.
[37] Vgl. Fertig, 1977, S. 142.
[38] Vgl. ebd. S. 72 f, S. 98, S. 121/ 165.
[39] Vgl. Campe, Robinson d. J., S. 351.
[40] Vgl. ebd. S. 62.

nachdem ihr gesehen habt, wie viel Mühe es gekostet hat, ungeachtet wir uns scharfer Messer und einer Säge bedienen konnten, welche *Robinson* nicht hatte."[41]

Durch moralischen Übungen werden bei den Kindern bürgerliche Tugenden ausgebildet, in erster Linie die sittliche Strebsamkeit bzw. *„Arbeitsamkeit"*, denn sie *„ist die Mutter vieler Tugenden; so wie die Faulheit der Anfang aller Laster ist!"*[42] Ebenso wichtig sind die Mäßigkeit bzw. Geduld, Frömmigkeit, Zufriedenheit mit der göttlichen Vorsehung[43] sowie die Neigung und als Glück empfundene Verpflichtung zur sozialen, gesellschaftlichen Bindung. Daher ist auch das Lebensmotto der „Familie" *„bete und arbeite!* Und Klein und Groß kanten kein ander Glück des Lebens, als welches die Erfüllung dieser Vorschrift gewährt.". Und selbst „während der Arbeit und nach vollendetem Tagewerke, wünschte jeder von ihnen auch etwas zu hören, welches ihn verständiger, weiser und besser machen könte."[44]

Der Vater arrangiert durch seine geschickte Inszenierung pädagogische Situationen durch die sich die Kinder in den verschiedenen Tugenden üben können. Der Vater spielt dabei oft die Rolle der Vorsehung, die nicht immer nur Angenehmes im Leben mit sich bringt, wie zum Beispiel in der Szene, in der er die Kinder dazu bringt, eine Ostseereise zu verschieben, auf die sie sich schon freudig vorbereitet hatten, nun aber Geduld und Selbstüberwindung zeigen müssen. Doch erklärt ihnen der Vater, es sei notwendig für ihre spätere Lebensbewältigung, „daß ihr euch schon jezt in eurer Jugend übet, oft ein Vergnügen zu entbehren, dessen ihr für euer Leben gern genossen hättet. Diese oft wiederholte Selbstüberwindung wird euch stark machen, stark am Geist und Herzen, um künftig mit gelassener Standhaftigkeit Alles, Alles ertragen zu können, was der weise und gute Gott zu eurem Besten über euch verhengen wird."[45]

Im Verlauf der Romanhandlung eignen sich die Kinder diese Tugenden und Eigenschaften immer mehr an, so dass sie schließlich Robinsons Beispiel folgend[46] eigenständig für sich Aufgaben zu ihrer moralischen Besserung erschließen. Um sich in Enthaltsamkeit zu üben, möchten sie einen Tag lang fasten und „die ganze Nacht einmahl (...) wachen." Vom Vater erhalten sie nicht nur die freudige Zustimmung, sondern auch Lob und dessen Teilnahme an ihrem Vorhaben.[47]

Eine weitere pädagogische Absicht Campes, die er mit seinem Roman verfolgt, ist es, Kindern neben wichtigen Kenntnissen des häuslichen und moralischen Lebens auch wissenschaftliche Bildungsinhalte zu vermitteln. Er streut in seine Erzählung allerlei seiner Ansicht nach Wissenswertes über die Natur, die Geografie, die Geschichte oder die Physik ein. Die Kinder lernen dabei unterschiedliche Fachbegriffe dieser Wissenschaften kennen und erweitern mit ihrem Sachwissen auch ihren Wortschatz.

Der Vater zeigt den Kindern auf einer Weltkarte all die Orte, an denen Robinson auf seiner Schiffsreise vorbeikommt, sie lernen die zwölf Monatsbezeichnungen samt der Anzahl der Tage[48], erfahren Vieles über die Vegetation und Tierwelt des eigenen und anderer, vor allem tropischer Länder wie zum Beispiel über Palmen, Kokosnüsse, Lamas, Papageien oder Austern. Um die Wirkungsweise eines Vulkanausbruchs zu verdeutlichen, möchte der Vater sogar einen Versuch mit Schwefel und Eisenspänen demonstrieren.[49] Allerdings vermeidet Campe es, situationsfremde Sachverhalte abzuhandeln, sondern hält sich stets an den größeren

---

[41] Vgl. ebd. S. 359-361.
[42] Vgl. ebd. S.170.
[43] Vgl. ebd. S. 6.
[44] Vgl. ebd. S. 19.
[45] Vgl. ebd. S. 124-127.
[46] Vgl. ebd. S. 219.
[47] Vgl. ebd. S. 220 f.
[48] Vgl. ebd. S. 32-34, S. 67-69
[49] Vgl. ebd. S. 130 f.

Zusammenhang, in dem sich immer wieder die Möglichkeit ergibt, etwas Neues über ein Sachgebiet zu präsentieren.[50]

Wie in der Einleitung bereits erwähnt, wollte Campe mit seinem Buch eine doppelte Leserschaft ansprechen: Kinder **und** Erwachsene. Er hoffte, dadurch eine besonders breite Wirkung zu erzielen. Aus diesem Grund schreibt er gleich zwei „Vorberichte".

All seine erzieherischen Intentionen (die ich schon ausführlich dargestellt habe) führt Campe im ersten Vorbericht auf, um sie vor den erwachsenen Leser zu rechtfertigen. Seine Idee war, „daß angehende Erzieher daraus den Gebrauch ersehen können, den ich (Campe) von diesem Buche gemacht wünsche."[51] Er richtet hier einen pädagogischen Appell an die Verantwortung der Erwachsenen, ihre veralteten, überkommenen Erzeigungsgewohnheiten zu ändern. Sie sind aufgefordert, von dem Buch als Leitfaden für eine im philanthropischen Sinne ideale Erziehung Gebrauch zu machen.

Den Kindern wiederum hat Campe sein zweites Vorwort zugedacht. Es ist viel kürzer als das erste, gerade mal eine Seite lang, und nicht ausdrücklich als „Vorbericht" betitelt. Dennoch deckt sich der Ich-Erzähler mit dem Autor und weitgehend auch mit dem Ich-Erzähler, in den sich der „Vater" bei seinem Erzählen der Geschichte hineinversetzt.[52] Dieses zweite Vorwort dient der Einführung in die Rahmenhandlung und der Herstellung des Bezugs zur Robinson-Geschichte. Der Erzähler berichtet über die Familie, deren Kindern ihr Vater jeden Abend über die Abenteuer und Schicksale „des *jüngern Robinson*" erzählt, und erklärt: „Da man glaubte, daß wohl noch mehr gute Kinder wären, die diese merkwürdige Geschichte zu hören oder zu lesen wünschten: so schrieb sie der Vater auf und der Buchdrukker musste zwei tausend Abdrükke davon machen." Dann spricht Campe den jungen Leser persönlich an: „Das Buch, liebes Kind, das du iezt in Händen hast, ist einer davon. Du kanst also, wenn du willst, gleich auf der folgenden Seite anfangen."[53]

Obwohl *Robinson der Jüngere* für eine doppelte Leserschaft vorgesehen ist, sind und bleiben die Kinder die Hauptadressaten des Romans. Der Grund dafür ist, dass er die für sie relevanten Lerninhalte enthält, die nach Campe die Grundlage für die Ausbildung eines tugendhaften bürgerlichen Charakters bilden. Er sieht Literatur als ein wichtiges pädagogisches Medium, um erzieherische Ziele zu vermitteln und zu erreichen. Da Kinder an lebensnahen Dingen und praktischen Übungen lernen und wachsen sollen, die Wirklichkeit aber nicht immer beliebig realisierbar ist – der Einfall der wilden Kannibalen auf Robinsons Insel wäre solch ein Beispiel – kann gute Literatur hier Abhilfe schaffen und die Wirklichkeit nur als Fiktion in der Fantasie der Kinder evozieren.

Die Vorstellung und Fantasie von Kindern muss allerdings gezielt angeregt werden, weshalb die Notwendigkeit einer speziellen Literatur für Kinder und Jugendliche besteht. Daher hat Campe für sein Buch nicht nur einen ganz bestimmten Inhalt ausgewählt, sondern auch einen äußerst kindgerechten Erzähl- und Schreibstil angewendet. Neben der charakteristischen Dialogform, kommt auch die Simplizität der Sätze und der Wortwahl dem jungen Leser entgegen und der Kindersprache sehr nahe. Diese kolloquiale Stilistik voller Oralismen[54] in der Schriftsprache hat den Sinn, Lebendigkeit und Spontanität auf schriftstellerischer Ebene möglichst realitätsgetreu zu imitieren, um der Fassungskraft eines Kindes angemessen zu sein. Begriffe, die Campe für wichtig und lernenswert erachtete, hat er hervorgehoben.[55] Sogar die Orthografie hat er in einer ihm kindgemäß erscheinenden Weise

---

[50] Vgl. Fertig (s. Anm. 36), S. 150.
[51] Campe: Robinson d. J., S. 5.
[52] Vgl. ebd. S.407.
[53] Ebd. S.19.
[54] Vgl. Ewers, in: Ausstellungskataloge Berlin (s. Anm. 7), S. 27.
[55] In der Reclam-Ausgabe von *Robinson d. J.* sind sie solche Begriffe kursiv gedruckt.

angeändert, indem er beispielsweise Doppelkonsonanten auf nur einen beschränkte; so modifiziert er das Wort „können" aus dem ersten Vorbericht im zweiten zu „könte".[56]

Im ersten Vorbericht erläutert Campe außerdem noch etwas näher seine *„fünfte* Absicht"[57] bezüglich einer speziellen Kinder- und Jugendliteratur. So wendet er sich mit seinem Buch gegen eine „epidemische Selenseuche", die unter der Jugend herrsche und deren Hauptmerkmal „das leidige Empfindsamkeitsfieber" ist. Als ihre Ursache betrachtet Campe die weit verbreitete Modeliteratur jener Zeit, die der reinen Unterhaltung diente. Diese „Duodezbändchen", so der Autor, „(…) fliegen (…) umher von Nachttische zu Nachttische, von Familie zu Familie, und wie gierig saugen junge Leser und Leserinnen aus ihnen das süße Gift falscher oder übertriebener Empfindsamkeit ein, welches um so viel verführerischer ist, weil es in der Schale der feinsten Sittlichkeit aufgetragen wird!"[58] Campe unterscheidet hierbei zwischen „wahrer" und „falscher Empfindsamkeit". Letztere bezeichnet er auch als „Empfindlichkeit", wenn sie übertrieben vorkommt oder „Empfindelei", die „durch eine alberne Ausbildung" der Empfindsamkeit entstand[59] und die nur eingebildet und erkünstelt ist. In jedem Fall möchte er sie bekämpfen, da sie gefährlich und verderblich für die Seele ist, besonders die der Kinder. Literatur darf laut Campe somit nie der reinen Unterhaltung dienen, nie einen reinen ästhetischen Selbstzweck haben. Statt dessen muss sie den „Nachahmungstrieb der Kindersele"[60] und die echte Empfindsamkeit fördern. Diese ist die Fähigkeit, sich in Menschen und Situationen hineinzuversetzen, sich in sie hineinzufühlen. Sie ist dadurch gekennzeichnet, dass sie mit der Natur des Menschen und der Welt harmoniert, d.h. dass ihr „Vernunft und Wahrheit zum Grunde liegen". Daher fordert Campe: „Erst erleuchtet an jedem Morgen die Sonne, dann erwärmt sie unsere Erde. Was sie in der physischen Welt thut, das läßt uns in der moralischen thun – das Licht der Wärme vorausschicken."[61] Da die Vernunft also die Grundlage und Voraussetzung für wahre Empfindsamkeit ist, diese aber jene wiederum bedingt, muss man beide „in völlig gleichem Grade (...) verstärken".[62] Als Mittel dazu beziehungsweise als „Gengengift" gegen die allgemein verbreitete „Selenseuche" sieht Campe seinen *Robinson den Jüngeren*, ein bürgerliches Kinderbuch, welches „die wahren Beziehungen der Dinge in der Welt auf unsere Glückseligkeit" aufzeigt, welches Kinder zur „Selbsttthätigkeit" anregt und „zur Zufriedenheit mit ihrem Zustande, zur Ausübung jeder geselligen Tugend und zur innigsten Dankbarkeit gegen die göttliche Vorsehung ermuntert(e)."[63]

Utopische Züge des Buches und seiner Theorie

Es lassen sich grundsätzlich zwei utopische Züge des Buches im Hinblick auf die Konstruktion vom bürgerlichen autonomen Subjekt erkennen.[64]

Die erste Utopie besteht in der Vorstellung, der Mensch wolle seine Ansprüche auf Selbstverwirklichung niemals auf Kosten anderer Individuen durchsetzten, sondern durch seine Tugendhaftigkeit die Ansprüche anderer respektieren und sogar für sie wirken.

Der zweite utopische Aspekt besteht in der Auffassung, das von der Gesellschaft radikal isolierte Individuum sei ohne jeglichen Verlust wesentlicher menschlicher Qualitäten -

---

[56] Vgl. Campe: Robinson d. J., S. 5 un. S. 19.
[57] Vgl. ebd., S. 6 ff.
[58] Campe: Von der nöthigen Sorge… (s. Anm. 1), S. 96.
[59] Vgl. ebd. S. 74 f.
[60] Campe: Robinson d. J., S. 7.
[61] Campe: Von der nöthigen Sorge..., S. 88.
[62] Ebd. S. 96.
[63] Campe: Robinson d. J., S. 7 f.
[64] Vgl. ebd. S. 393.

das heißt ohne zu verwildern oder seine Sprache zu verlernen – lebensfähig und könne allein aus eigenen Kräften und seiner Vernunft heraus die Zivilisations- und Kulturgeschichte der Menschheit nachvollziehen sowie sich eine bürgerliche Umwelt aufbauen. Dies belegen nicht nur Ergebnisse der modernen Medizin und Entwicklungspsychologie, sondern schon das Reisewerk eines gewissen Kapitäns Rogers von 1712, in dem von dem schottischen Matrosen Alexander Selkirk[65] berichtet wird, der 1704 bis 1709 auf der einsamen Insel Juan Fernández lebte und dort nicht nur verwilderte, sondern angeblich sogar das Sprechen verlernte.[66]

---

[65] Vgl. Vorauslexikon zur Brockhaus-Enzyklopädie, S. 434.
[66] Vgl. Campe: Robinson d. J., S. 393.

Literaturhinweise

Ausstellungskataloge der Staatsbibliothek zu Berlin – PK, Neue Folge 17: Erfahrung
schrieb's und reicht's der Jugend. Joachim Heinrich Campe als Kinder- und
Jugendschriftsteller. Hrsg. v. Carola Pohlmann, Rüdiger Steinlein, Hans-Heino Ewers
u.a. Berlin 1996.

Ausstellungskataloge der Herzog August Bibliothek, Nr. 74: Visionäre Lebensklugheit.
Joachim Heinrich Campe in seiner Zeit (1746-1818). Hrsg. v. Hanno Schmitt in
Verbindung mit Peter Albrecht, Gerd Biegel, Hans-Heino Ewers u.a. (Austellung des
Braunschweigisches Landesmuseum und der August Herzog Bibliothek Wolfenbüttel
vom 29. Juni bis 13. Oktober 1996). Wiesbaden: Harrassowitz 1996.

Campe, Joachim Heinrich: Bilder-Abeze. Hrsg. v. Dietrich Leube. Frankfurt am Main: Insel
Verlag 1984 (insel taschenbuch 1020).

Campe, Joachim Heinrich: Robinson der Jüngere, zur angenehmen und nützlichen
Unterhaltung für Kinder. Nach dem Erstdruck hrsg. v. Alwin Binder und Heinrich
Richartz. Stuttgart: Reclam 1891 (Universal-Bibliothek 7665).

Campe, Joachim Heinrich: Von der nöthigen Sorge für die Erhaltung des Gleichgewichts
unter den menschlichen Kräften. Besondere Warnung vor dem Modefehler die
Empfindsamkeit zu überspannen. Hrsg. v. Reinhard Stach. Heinsberg: Dieck 1997
(Quellen zur Geschichte der Pädagogik, ISBN 3-88852-402-4).

Defoe, Daniel: Robinson. München: Franz Schneider Verlag (Schneider-Buch 2665).

Fertig, Ludwig: Campes politische Erziehung. Eine Einführung in die Pädagogik der
Aufklärung. Darmstadt: Wissenschaftliche Buchgesellschaft 1977 (Impulse der
Forschung, Bd. 27).

Rousseau, Jean-Jacques: Emile oder über die Erziehung (Émile ou de l'Éducation). Hrsg. v.
Martin Rang, aus dem Französ. übers. V. Eleonore Sckommodau. Stuttgart: Reclam
1976 u. ö. (Universal-Bibliothek 901).

Vorauslexikon zur Brockhaus-Enzyklopädie. Hrsg. von F. A. Brockhaus GmbH. 5 Bde.
19. Aufl. Mannheim 1986.